L6 46
 106

COMMENT CONSOLIDER

LA

RÉVOLUTION?

> Quand on veut qu'un État soit de longue durée, il convient d'intéresser toutes ses parties à sa conservation, et de la leur faire désirer.
> ARISTOTE, *Politique.*

Par M. CROUSSE,

PREMIER AVOCAT GÉNÉRAL A LA COUR IMPÉRIALE DE METZ.

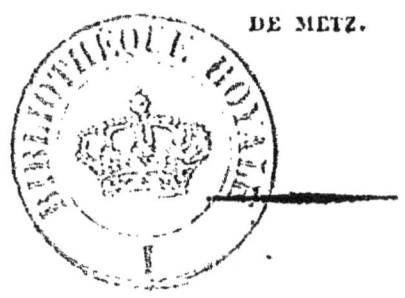

PARIS.

LAURENT BEAUPRÉ, LIBRAIRE, PALAIS ROYAL, GALERIE DE BOIS, N° 218.

1815.

COMMENT CONSOLIDER

LA

RÉVOLUTION ?

Cette question est la plus importante que l'on puisse faire dans les circonstances actuelles; elle intéresse tout homme vraiment Français : je ne prétends point la résoudre complétement; j'aurais trop à faire pour le moment; mais j'essaierai d'indiquer quelques-uns des moyens que je crois les plus propres à amener une consolidation prompte et assurée.

Loin de nous tout esprit de parti ou même de ressentiment : nous avons été assez et trop long-temps en proie aux dissentions : les vingt-six années que nous venons de passer ont dû nous donner l'expérience de plusieurs siècles, et les essais que nous avons faits dans tant de genres divers ont dû nous faire connaître enfin ce qui convient à la nation.

Quel Homme peut consolider la Révolution.

Les lois constitutionnelles, promulguées durant la révolution et à ses différentes phases, nous fournissent beaucoup de matériaux; mais ces matériaux ressemblent en partie à des décombres, tant ils ont été confondus; et pour leur donner une forme et de belles proportions, il est besoin de mains fortes et habiles.

Il faut en convenir, les discussions politiques auxquelles on se livre depuis long-temps en France, ont répandu de grandes lumières; il est peu d'hommes aujourd'hui, même parmi les plus simples, qui ne connaissent les choses auxquelles ils ont droit. Prétendre au rétablissement de certaines institutions, ou refuser au peuple l'exercice de certains droits, c'est vouloir l'impossible. Pour l'homme qui médite et qui examine les choses avec impartialité, il est hors de doute que la France ne peut plus rétrograder à ce qu'on appelle l'ancien régime, et que de nouvelles habitudes, de nouvelles idées nécessitent de nouvelles institutions.

Il est des hommes qui, persuadés que ce qui a été peut encore être, sans pousser plus loin l'observation, nous diront froidement : Soyons ce que nous avons été jadis. L'intention de ces hommes est pure, j'aime à le croire; mais leur bonhomie les égare : le Français de la révolution ne ressemble pas plus au Français de l'ancien régime, que le Français de Pharamond ne ressemble au Français de Louis XIV. L'égalité des droits, l'indépendance, la liberté, sont des choses si douces, si concordantes avec les facultés de l'homme, qu'une fois qu'il en a joui, il ne veut plus y renoncer. La monarchie absolue peut bien convenir à un peuple ignorant ou depuis longtemps façonné au gouvernement d'un seul ; mais qu'un peuple éclairé et qui a été appelé, par la force des événemens, à l'exercice de ses droits, puisse se soumettre de nouveau, à moins d'une dissolution complète, à un pouvoir absolu, c'est ce qu'on n'a jamais vu, c'est ce qu'on ne verra jamais. On peut quelquefois prévenir les mouvemens d'une nation, mais on ne peut arrêter les conséquences d'une impulsion reçue, pas plus que l'on ne peut empêcher que toute cause soit suivie d'un effet ; et si les hommes qui regrettent les vieilles doctrines pouvaient assez prendre sur eux pour se débarrasser de toute prévention, pour secouer tout esprit de parti et d'intérêt personnel, ils verraient bientôt que le retour à l'ancien ordre de choses est devenu une chimère. Alors, il faut donc s'arrêter à la situation actuelle de la France ; il faut approprier à cette situation ce qui peut procurer le bonheur du peuple, et le maintenir dans un état permanent. Cette manière d'envisager les choses pourra arracher quelques sacrifices à un petit nombre d'individus; mais lorsqu'il s'agit de fixer l'état d'une nation, quelques intérêts particuliers ne peuvent entrer comme contre-poids avec ce que demande tout un peuple.

Une fois qu'il est reconnu qu'on ne peut plus revenir sur la révolution, il faut la suivre, non pour l'aider dans ses licences, mais pour l'éclairer, pour la diriger dans sa marche, et la fixer enfin dans ses résultats. Au premier aperçu, cette tâche paraît facile, et il ne manque pas d'hommes qui, présumant assez de leurs forces, se croient capables de cette direction; pour moi, je ne vois rien de si difficile, et je ne doute pas qu'il ne soit plus aisé de faire une révolution que d'en arrêter et consolider une. Pour agiter et détruire, il ne faut souvent que de l'audace et le secours d'une heureuse inconstance ; mais pour réorganiser un peuple, comprimer les passions, effacer les haines, rapprocher les intérêts et instituer l'état, il faut toute la puissance du génie et l'ascendant que donne une glorieuse vie. L'histoire de tous les peuples l'enseigne, un grand homme, un homme plus grand que tous ses contemporains, peut seul finir une grande révolution. Eh qu'est-il besoin de recourir aux annales des autres peuples? la preuve de ce que j'avance ne se trouve-t-elle pas dans l'histoire de notre révolution elle-même? Pourquoi, pendant ses premières époques, voit-on tant de variations, tant de successions rapides d'un gouvernement à un autre? c'est qu'aucun des hommes d'alors n'avait assez de prépondérance et d'empire sur ses semblables, pour arrêter cette convulsion et lui donner la fixité. Beaucoup d'hommes plus ou moins capables luttaient, mais aucun n'avait assez de supériorité pour arracher la victoire et rallier la nation étonnée. Cependant cet homme favorisé paraît-il enfin? il n'aura pas besoin d'efforts, sa renommée, sa gloire, lui suffiront en quelque sorte; tout se calmera, se rangera avec ordre; plus de rivalité, plus de secousse; chacun reconnaîtra qu'il appartient au plus grand de commander à la nation et d'achever ce que tous ont commencé.

Vainement penserait-on se rattacher à l'ancienne famille régnante. Cette famille offrira-t-elle la réunion de talens et l'oubli du passé, nécessaires? Aura-t-elle perdu ses anciens préjugés? Les principes adoptés par le peuple, durant son absence, deviendront-ils les siens? Pourra-t-elle se résoudre à effacer les distinctions de naissances et de castes? Lorsque ses ancêtres ont dit qu'ils régnaient par la grâce de Dieu, avouera-t-elle qu'elle ne règne que par la volonté du peuple? Les idées de pouvoir absolu que huit siècles lui ont transmises, voudront-elles faire place aux idées libérales? Connaîtra-t-elle les mœurs, les besoins d'un peuple totalement changé par vingt-six ans de révolution? Ne voudra-t-elle pas s'entourer d'hommes vieillis dans des habitudes, des opinions surannées et contraires à l'intérêt général? Si, par suite de catastrophes incalculables, la nation a été humiliée par l'étranger, pourra-t-elle lui rendre sa considération extérieure? Les vétérans de la révolution, les défenseurs des droits du peuple, que deviendront-ils? la gloire nationale, qu'en dira-t-on? les acquéreurs des biens de ceux qui se disent les amis du trône, qui les protégera? les lois faites sans le consentement d'un prince qui prétend avoir toujours régné, quel cas en fera-t-on? ce pacte constitutionnel, tant désiré de la nation, s'il est l'ouvrage du souverain seul, qui le garantira? Je ne sais si je me trompe, mais il me semble voir cette famille s'occuper à reprendre successivement, et selon que l'occasion s'y prêtera, toutes les prérogatives qu'on lui avait ôtées ; il me semble la voir effacer, plus ou moins vite, toutes les traces de ce qu'elle appellera *l'interim*, jusqu'à ce qu'enfin, parvenue à son but, elle puisse, comme jadis et ainsi qu'ont fait ses ancêtres, régir le peuple de sa pleine autorité et suivant *son bon plaisir*.

Mais si tant de dangers se présentent, et s'il est presque impossible d'y échapper, du moins à la plupart, pourquoi la nation s'y exposerait-elle ? Pour moi, je l'avouerai, plus je réfléchis sur la révolution, plus je me persuade qu'un homme de la révolution peut seul la consolider. En effet, celui qui l'a traversée cette révolution, peut, bien mieux que tout autre, en considérer toutes les faces, en sonder toutes les plaies ; témoin des événemens, il en découvre les causes en même temps qu'il aperçoit les intentions du peuple ; comme c'est sur-tout dans les grandes commotions que se manifeste l'esprit public, il a pu s'en pénétrer profondément, et ses souvenirs, ses impressions sont devenus ineffaçables. Nécessairement l'homme de la révolution est tout autre que celui qui s'en est tenu éloigné ; lorsque l'existence de tout ce qui l'environnait a changé, s'est modifié, la sienne a dû subir les mêmes variations. Lié d'opinion, de principes, d'affections avec ceux qui demandent la stipulation de leurs droits et la rédaction d'un pacte social, il se trouve engagé dans la même lutte, et intéressé à la conservation de la même conquête. Mais si, entr'autres, cet homme est doué d'une conception que rien n'égale, d'une persévérance d'action que rien n'arrête, d'une force d'âme que rien n'ébranle ; si la victoire semble lui avoir cédé ses palmes et son char, si la fortune plane avec complaisance sur sa destinée, si l'honneur de la nation est écrit sur ses trophées, si son nom a rempli la terre et gouverné l'Europe ; je le demande, qui pourra lui contester le droit d'achever et de protéger l'ouvrage auquel il aura pris tant de part? Serait-ce quelqu'un de ses compagnons de travaux ? Aucun ne l'oserait, aussi aucun ne le prétend. Serait-ce les membres de l'ancienne dynastie ? Il leur dirait, et la nation avec lui, le trône est à celui qui l'a mérité, il est fait pour le peuple, et le peuple seul en dispose; vos ancêtres l'avaient obtenu de la nation ; elle vous l'ôte aujourd'hui, parce qu'elle le peut, parce qu'il est dans la nature des choses que l'état de vieillesse et de débilité fît place à l'état de jeunesse et de vigueur. Une révolution terrible a changé toutes les idées, la France est devenue toute nouvelle; cependant vous avez vécu loin d'elle, et vous êtes restés les mêmes. C'est en vain qu'elle avait repris et proclamé ses droits, vous n'en avez pas moins prétendu que vous seuls pouviez lui donner des lois, que vous seuls, depuis vingt ans, aviez régné sur elle. Dès-lors vous ne convenez plus à une nation qui diffère si essentiellement de vous ; elle doit vous oublier pour se rallier autour de l'homme qui a partagé ses dangers, augmenté sa gloire, et qui lui promet les institutions après lesquelles elle soupire depuis tant d'années.

De la Constitution qui convient au peuple français.

Donner à un peuple une constitution est l'œuvre la plus délicate que l'on puisse entreprendre; peu d'hommes réunissent tout à la fois les lumières, la sagesse, la prévoyance de l'avenir, nécessaires pour cette haute entreprise; aussi, parmi tant d'hommes que célèbre l'histoire, à peine compte-t-on quelques grands législateurs. La renommée des héros est belle, sans doute; mais la renommée des fondateurs des empires commande encore davantage l'admiration, et j'avance que je ne verrais rien de comparable à l'homme qui réunirait le double titre de la gloire héroïque et de la gloire législative.

Pour qu'un code politique soit durable, il faut qu'il se trouve en rapport exact avec les mœurs, les coutumes, le caractère, les idées, l'étendue du territoire de la nation à laquelle on le destine; et ce qu'il n'importe pas moins de considérer, c'est l'état plus ou moins avancé de civilisation auquel elle est parvenue. Les peuples jeunes encore, si je puis ainsi m'exprimer, se prêtent facilement à toutes sortes de directions, mais il en est tout autrement des peuples vieillis dans la civilisation; pour ceux-ci, il faut s'arrêter sur les plus légères nuances et les coordonner habilement : vouloir les priver de leurs jouissances habituelles, les contraindre dans les objets de leur affection, c'est tenter une œuvre éphémère. Mais s'il arrivait qu'un peuple réunît à la civilisation beaucoup de lumières; que, fatigué d'être régi d'une manière absolue, il eût changé tout à coup, et par de violentes secousses, la forme de son gouvernement; si ce peuple a goûté l'indépendance; si le besoin des institutions franches et libérales s'est fait sentir dans toutes les classes : j'oserai le dire, aucune force humaine ne pourra le faire rétrograder; on pourra bien peut-être le comprimer un instant, mais bientôt, et à la première occasion, vous le verrez s'élancer avec une nouvelle énergie, et briser avec transport, peut-être avec fureur, les liens dont on aura voulu le presser.

Un législateur, s'il veut que son ouvrage passe à la postérité, doit donc accorder à la nation les institutions qu'elle désire et qu'elle peut supporter ; sans doute il ne doit pas condescendre aux caprices de la foule, mais aussi il ne doit point se refuser aux vœux réitérés de la saine et majeure partie du peuple.

La France se trouve précisément dans le cas que je viens de décrire ; depuis plus de 25 ans elle demande avec une opiniâtreté, une constance qu'on n'aurait pu imaginer, la stipulation de ses droits et la garantie de ses libertés ; l'heure est venue enfin où ses espérances doivent se réaliser : l'Empereur a pris l'engagement solennel de revoir, de concert avec la nation, nos lois constitutionnelles, et les héros ne manquent point à leur parole.

Par un rare bonheur, nous sommes aujourd'hui dans cette position où il est moins besoin d'inventer que de coordonner. Les différentes constitutions qui ont régi la France offrent tous les élémens d'un bon pacte social ; il ne faut plus que le discernement du choix et la volonté du bien public. Les chartes de 1791, de l'an 8, de l'an 12 et de 1814 présentent un résumé de principes et de théorie qu'on chercherait vainement partout ailleurs. Les droits du peuple, la représentation nationale, la distribution des pouvoirs, tout s'y trouve ; seulement, comme ces lois ont été faites dans des vues et dans des temps divers, il faut, pour former un bel ensemble, extraire avec soin ce que la raison et l'expérience ont consacré, et effacer sans retour ce qui pourrait compromettre encore la stabilité et le repos, soit du gouvernement, soit de la nation.

Du Pouvoir exécutif.

On est généralement d'accord sur l'étendue de pouvoir à accorder au prince ou chef du gouvernement ; la nomination aux places, la proposition des lois, les réglemens d'administration, les rapports avec l'extérieur, le droit de la guerre et de la paix, toutes ces parties d'attribution lui appartiennent nécessairement ; sauf toutefois le droit d'examen et même de critique, de la part des représentans de la nation, relativement aux traités de paix, d'alliance ou de commerce, et aux déclarations de guerre.

Du Corps législatif.

L'établissement du corps représentant offre beaucoup plus de difficultés, et c'est ici véritablement la pierre de touche du législateur. L'assemblée constituante avait pensé qu'il suffisait d'une seule chambre représentative; mais on n'a pas tardé à sentir les dangereux inconvéniens de ce système, et, depuis long-temps, l'idée de deux chambres a prévalu. Mais de quelle manière seront constituées ces deux chambres? C'est ici qu'il est besoin d'entrer dans quelques détails. Les bases consacrées par la charte de 1814 me paraissent les meilleures que l'on puisse adopter; je ne m'arrête point aux dénominations à donner à ces chambres, cela importe peu; cependant, j'appellerais volontiers l'une le sénat, et l'autre le tribunat, pour que ces dénominations répondent exactement aux idées que je me fais des fonctions de l'une et de l'autre chambre. Le sénat serait composé de cent cinquante à deux cents membres au plus, âgés de 40 ans au moins; ils seraient nommés par l'Empereur et inamovibles : mais la moitié serait nécessairement choisie dans les listes formées par les colléges de département et dans les cours de justice, suivant les proportions qui seraient déterminées d'une manière invariable : l'autre moitié serait au choix libre et indéterminé du souverain. Cette manière de composer le sénat me paraît concilier tous les intérêts et présenter le plus d'avantages : le prince y trouve une des plus belles prérogatives de la souveraineté, et le peuple est assuré de voir constamment parmi les sénateurs un grand nombre d'hommes qui sauront prendre ses intérêts, puisque les membres de la magistrature et des colléges électoraux, en même temps qu'ils connaissent mieux le peuple et ses besoins, sont aussi, entre tous, les plus disposés à le défendre. Je n'ai pas besoin de dire que les délibérations du sénat doivent être secrètes ; la nature de son institution en indique assez la nécessité. Mais j'avoue que je répugne à l'hérédité, car si elle offre quelques avantages, elle présente aussi l'inconvénient grave et choquant de voir aux premiers rangs de la représentation nationale des hommes, qui, bien souvent, n'auront aucune des qualités propres à de si hautes fonctions. L'hérédité au trône est la seule bonne que je connaisse, partout ailleurs les talens, les vertus, le mérite doivent être les seuls titres aux emplois et aux récompenses.

Le nombre des membres du tribunat, comme on le sent bien, doit être proportionné au nombre des départemens, et nous avons à cet égard des règles que l'on suit depuis long-temps, sans qu'on y ait remarqué aucun inconvénient. Quant aux conditions exigées pour être élu tribun, je trouve plusieurs choses à reprendre dans la Charte de 1814; d'abord elle exige que le candidat ait au moins quarante ans; mais évidemment il n'est pas besoin, et il répugne même à l'esprit de l'institution, que le tribun soit aussi avancé en âge que le sénateur. Dans le sénat il ne peut pas y avoir trop de calme et de maturité; dans le tribunat il ne peut pas y avoir trop de dévouement à la cause et aux intérêts du peuple : dès lors, s'il est vrai qu'il faut dans un tribun les mêmes lumières, la même loyauté que dans un sénateur, il n'est pas moins vrai aussi qu'il y faut plus de jeunesse, parce que c'est dans la jeunesse et dans l'âge qui la suit que l'on voit plus ordinairement cette généreuse abnégation de tout intérêt particulier, ce noble patriotisme qui donnent à celui qui les porte dans son cœur le courage de la vérité et la force d'une juste résistance. Je crois donc qu'il suffit qu'un représentant au tribunat soit parvenu à sa trentième année pour avoir, sous ce rapport, une garantie suffisante de son aptitude. L'homme de cet âge a pu déjà éclairer ses connaissances théoriques du flambeau de l'expérience, et pourtant il se trouve dans cette vigueur de pensée, cette abondance de sentimens, cette énergie de caractère, cette franchise d'opinion qui déterminent à tous les sacrifices. D'ailleurs, dans le système de deux chambres représentatives, la vitesse et la fougue de l'une n'est jamais à craindre puisqu'elles devront toujours être tempérées, ou même arrêtées par le calme et la lenteur de l'autre.

D'après la charte dont je viens de parler, il faut, pour être éligible, payer une contribution foncière de 1000 fr. au moins ; quiconque ne paie pas cette somme est par cela seul exclu de la représentation. Il y a ici évidemment de l'exagération ; sans doute la propriété est la première et la plus sûre base de la représentation nationale ; mais il faut prendre garde d'outrer le principe : le mérite va bien souvent sans la fortune ; un grand propriétaire peut manquer de toutes les autres qualités indispensables dans un représentant, tandis qu'un propriétaire médiocre, un homme d'un état honorable peuvent d'ailleurs les réunir toutes ; exclure ceux-ci en faveur du premier, ressemblerait à de la partialité, bien plutôt qu'à une sage prévoyance. Il y a plus, dans un état commerçant et manufacturier le commerce aussi doit être représenté. Enfin les membres de l'Université et des premières sociétés savantes, les principaux fonctionnaires de l'administration et les membres de l'ordre judiciaire ou ecclésiastique, doivent pareillement pouvoir prétendre à l'honneur de représenter la nation, avec cette condition toutefois que le fonctionnaire amovible élu tribun, perd par cela seul la place qu'il tenait du prince; et, il ne faut pas craindre de le dire, c'est dans ces dernières classes surtout que l'on trouvera les plus éclairés, les plus courageux représentans de la nation.

De la Publicité des Délibérations.

Quelques publicistes ont pu craindre la publicité des discussions législatives. Le danger pourrait être réel, s'il n'y avait qu'une seule chambre représentative; mais là où il y en a deux, dont une délibère toujours secrètement, il n'y a plus de motif d'appréhender la publicité dans les délibérations de l'autre. Je dirai plus; je ne pense pas qu'il puisse exister de véritable représentation, et par suite de véritable liberté, sans la publicité des discussions législatives. Hors cette publicité, quelle garantie le peuple aura-t-il de l'intégrité de ses représentans? Qui pourrait l'assurer qu'ils n'ont point été séduits ou entraînés par les ministres du souverain? Comment pourra-t-il se convaincre que ses droits ont été examinés et défendus ? Quelle confiance pourra-t-il placer dans une représentation dont tous les mouvemens lui demeureront cachés ? Quel courage pourra montrer un représentant, s'il ne peut prendre à témoin de ses intentions le peuple qui l'a délégué? Le principe de la publicité dans le tribunat me paraît si essentiel, si nécessaire, que rien ne doit le faire fléchir, à moins d'une détermination contraire, sur un sujet unique, prise à la majorité des suffrages. Admettre, comme le fait la charte de 1814, qu'une minorité, et une minorité de cinq membres, peut exiger que la délibération soit secrète, c'est admettre que la publicité n'est qu'un leurre offert au peuple dans la vue de le séduire d'abord pour le tromper ensuite comme on voudra.

De la Proposition des Lois.

Enfin, l'initiative des lois me semble devoir appartenir à chacune des deux chambres et à l'Empereur indifféremment ; car c'est de cette manière seule que l'on peut être assuré que tout projet de loi utile sera proposé, sans qu'il puisse en résulter d'ailleurs aucun danger pour le Gouvernement, puisqu'il reste toujours le maître d'accorder ou de refuser son consentement à la loi proposée.

Du Droit de dissoudre le Corps législatif et des Colléges électoraux.

Le droit d'ajourner le corps législatif, qui devra être assemblé chaque année à une époque fixe, ou même de dissoudre le tribunat, est un des plus éminens que l'on puisse accorder au souverain; il est nécessaire toutefois, car autrement il pourrait arriver que les représentans de la nation, emportés au-delà des bornes, missent le Gouvernement et la chose publique en danger; alors il faut un remède prompt, radical, et la dissolution est le seul efficace. Mais dans ce cas, qui heureusement sera rare, et ne se présentera peut-être jamais, les colléges électoraux doivent s'assembler sur-le-champ, de leur propre mouvement, et à peine de forfaiture, pour donner à la nation de nouveaux représentans. A cette occasion, j'observerai que la plus grande, la plus entière liberté doit régner dans les élections, autrement la liberté publique ne sera qu'éphémère. Je voudrais qu'on renouvelât contre les brigues les lois célèbres des Romains; mais j'insiste surtout, et j'insisterai à jamais, sur ce que la nomination des présidens appartienne aux membres des colléges eux-mêmes. Prenez-y garde, Français, toute influence est ennemie de la pureté des votes ; si les suffrages ne sont pas libres, si les électeurs peuvent un moment recevoir une impulsion étrangère, c'en est fait de la représentation nationale, c'en est fait de vos libertés.

De la Responsabilité des Ministres.

Ce qu'il n'est pas moins essentiel de fixer, c'est la responsabilité des ministres. La personne du prince doit être sacrée, et anathème doit être lancé contre celui qui voudrait porter la plus légère atteinte à son auguste caractère ; mais les ministres doivent compte à la nation et à ses représentans des actes de leur ministère : comme ils peuvent à chaque instant compromettre la sûreté individuelle et publique; ils doivent rester constamment sous la surveillance active et puissante de la représentation nationale, qui, dans les cas déterminés par la loi, pourra les appeler devant elle et les mettre en jugement, sans que le souverain puisse, pour cette fois, user du droit de grâce.

Du Pouvoir judiciaire.

Je viens de proférer le mot de jugement ; ceci m'amène à parler du pouvoir judiciaire. Dans un état bien constitué, la puissance de juger doit tenir une grande place. En effet, comme rien n'est plus cher à l'homme que la propriété, la vie, rien aussi ne doit plus lui importer que le pouvoir qui en dispose. Il faut que le peuple puisse mettre dans les magistrats une entière confiance; il faut qu'il soit pénétré que rien au monde ne pourra les faire dévier de leurs devoirs. Dèslors l'autorité judiciaire a besoin d'une indépendance absolue, d'une permanence inviolable, d'une force imposante. Si la magistrature peut craindre les menaces du prince, et si elle manque du caractère et de l'éclat qui commandent le respect et la considération, ou la liberté des jugemens ne sera point garantie, ou ils ne paraîtront pas avec ce sceau qui les montre au peuple comme des émanations de la raison et de la sagesse elles-mêmes.

Point de ces juridictions temporaires et d'exception, dont le moindre inconvénient est l'arbitraire ; car presque toujours l'ineptie et la corruption viennent s'y placer comme sur leur siége naturel.

Ce qui importe plus encore peut-être, c'est que tout fonctionnaire prévaricateur soit poursuivi et jugé, sans qu'il dépende du gouvernement de le soustraire, par son intervention, à l'animadversion des lois. D'après la législation actuelle, le conseil d'état peut donner ou refuser l'autorisation de mise en jugement ; mais comment le conseil d'état, occupé de tant d'autres objets et placé si loin des justiciables, peut-il s'assurer de l'innocence ou de la culpabilité du fonctionnaire poursuivi ? Et cependant quel scandale, quel encouragement à la dépravation qu'un fonctionnaire coupable conservé dans ses titres, dans ses honneurs !

De même les tribunaux doivent avoir l'inspection sur les actes attentatoires à la liberté civile, et prononcer sans retard la nullité de toute arrestation arbitraire et illégale. En général, tout ce qui concerne la sûreté individuelle doit être confié aux tribunaux ; le nombre des membres qui les composent, le caractère d'austérité qui les distingue, les formes solennelles dont ils s'environnent, l'habitude de faire observer la loi, tout garantit leur impartialité et leur respect pour les droits des citoyens. Cependant, la liberté provisoire, sous caution, doit être accordée à tout prévenu, dans les cas déterminés par les lois, et la confiscation abolie, comme portant avec elle un caractère de récrimination et de vengeance, que repoussent les idées d'ordre et de justice.

De la Régence.

La régence aussi doit être fixée par une loi constitutionnelle, et j'avoue que le sénatus-consulte de floréal an 12 me semble présenter sur ce sujet le système le plus raisonnable et le plus complet qu'on puisse imaginer. Il exclut les femmes de la régence, et certes cette exclusion est fondée; car une fois qu'il est reconnu que les femmes ne peuvent être appelées au trône, il y aurait de la contradiction à les reconnaître capables de la régence. On aura beau se perdre en de longs raisonnemens et citer quelques exemples, il ne restera pas moins vrai que les femmes sont faites pour la vie privée et les hommes pour la vie publique; j'accorde qu'elles aiment en général la vertu et qu'elles soient susceptibles des plus généreux sentimens, mais je soutiens aussi qu'elles manquent toujours des qualités nécessaires au gouvernement d'un état, d'un état libre surtout, et pour lequel la gloire est un besoin.

De la Noblesse et des Récompenses nationales.

Il a pu exister un temps où la noblesse héréditaire était utile; toutefois c'est en vain que je cherche cette époque dans l'histoire. J'y vois bien quelques races dans lesquelles la vertu ou la valeur semblaient transmissibles des pères aux enfans, mais je ne vois nullement que cet avantage ait été dû à ce qu'on appelle l'hérédité de la noblesse. La noblesse, telle qu'on la connaissait autrefois en France, était une institution née de la barbarie et de l'usurpation; c'est dans les marais de la Germanie, c'est sous les règnes des rois fainéans que se forma ce colosse devenu avec le temps si audacieux, et que Philippe-le-Bel, Louis XI et Richelieu eurent tant de peine à subordonner. Dans les gouvernemens institués par les sages, on ne connut jamais de noblesse proprement dite; si la gloire et l'éclat du nom se transmettaient, c'est qu'il est naturel qu'un fils succède à ce que son père a possédé de plus beau; mais il n'a pas besoin pour cela d'un titre féodal; si la nature ne l'a pas frappé d'un sceau réprobateur, il tâchera toujours de soutenir le nom qu'il porte : mais s'il est sans vertus ni talens, il doit rentrer dans la poussière et céder à ceux qui la méritent la gloire que lui avait laissée son père. Ces idées sont si simples et pourtant si vraies qu'on serait étonné qu'elles aient pu jamais être méconnues, si l'on ne savait jusqu'à quel point certains hommes peuvent pousser l'orgueil et d'autres la bassesse. Tout s'est heureusement éclairci, et il serait aussi impossible aujourd'hui de faire reconnaître une noblesse, qu'il serait impossible de reporter la nation aux temps des Childebert et des Childéric. La noblesse ne peut pas exister sans priviléges, et le peuple a horreur des priviléges. Si l'on a pu croire autrefois qu'elle était le soutien du trône, ce qui s'est passé de nos jours a dû détromper les plus endurcis. Les véritables soutiens du trône ce sont les institutions puisées dans la nature, les institutions aimées du peuple. Tant que les rois gouverneront pour la nation, ils n'auront rien à craindre; mais s'ils oublient une fois leurs devoirs, s'ils regardent le trône comme un patrimoine, et l'empire comme leur domaine, c'est en vain qu'ils s'environneront d'appuis factices, tout s'écroulera devant la main puissante du peuple.

Les vœux tant manifestés de l'immense majorité de la nation ont été entendus enfin, et l'Empereur a solennellement prononcé l'abolition de toute noblesse. Cependant, pour ôter tout prétexte aux espérances ou aux craintes, ce grand et utile principe d'égalité civile doit être consacré par la constitution. Toute distinction héréditaire doit être soigneusement proscrite, comme contraire à la raison et attentatoire aux droits que tous ont également aux récompenses ; la loi ne doit plus reconnaître que des titres nationaux et personnels, dont l'Empereur aura la distribution, tels que ceux de Prince, de Duc, de Comte, de Baron de l'Empire, ou de Chevalier que portera tout membre de la légion d'honneur. D'un autre côté, les ordres ou décorations doivent être en petit nombre chez une nation où l'on veut faire régner le véritable honneur ; ces signes extérieurs, s'ils sont trop variés, n'attirent plus la considération. Nous n'avons aujourd'hui que deux sortes de décorations, et j'aimerais encore mieux que nous n'en eussions qu'une, la légion d'honneur, à laquelle se rattachent tant de faits mémorables, tant de glorieux souvenirs ; cette noble institution ne peut souffrir de concurrence ; elle absorbe tout, tant elle est éclatante ; porter un autre signe, c'est montrer qu'on n'a pas encore mérité le signe de l'honneur national ; l'idée attachée à cette décoration est telle que c'est en quelque sorte une humiliation que d'en porter une autre; dès lors elle doit régner seule et sans partage.

Du Recrutement de l'Armée.

En parlant des récompenses nationales, les idées sur l'armée se présentent naturellement; la manière de la recruter ne peut être étrangère à la constitution. On s'est beaucoup récrié sur la conscription, et, il faut en convenir, ce n'est pas sans motif; cependant je n'imagine point de mode de recrutement qui lui soit préférable; il atteint tous les individus, toutes les classes, il assure l'indépendance et la gloire nationales. Les souverains étrangers l'ont si bien senti, que lorsqu'ils exigeaient du dernier gouvernement la suppression de cette mesure, ils la retenaient pour leurs peuples. Si la conscription présente tant d'avantages, il faut conserver le principe, mais obvier aux abus en fixant invariablement les conséquences; et tout sera garanti, si aucune levée d'hommes ne peut être faite sous aucun prétexte, sans une loi formelle discutée et adoptée dans les deux chambres.

De l'Administration et des Officiers municipaux.

Après avoir parlé des parties essentielles de la constitution, il me reste à faire quelques observations sur différens sujets qui s'y rattachent plus ou moins immédiatement.

L'indépendance est un bien si précieux qu'on ne saurait prendre trop de soin de la garantir. Un des meilleurs moyens, et en même temps des plus simples, est de laisser au peuple le choix de ses officiers municipaux, ou du moins de prescrire que les maires ne pourront être pris que dans les membres du conseil communal, élus par le peuple, et rééligibles aux époques déterminées; de cette manière les officiers municipaux seront intéressés à conserver la confiance de leurs concitoyens par une sage et prévoyante administration. Mais ce qui importe surtout c'est d'apporter sur l'administration des préfets un examen attentif. Dans l'ordre des choses actuelles ces fonctionnaires réunissent un grand nombre d'attributions; les mesures de haute police entr'autres leur sont confiées. Cette expression de haute police offre à l'esprit un vague qu'il est très difficile de remplir, et rien n'est si aisé par conséquent que d'en abuser. Cependant lorsqu'on voit une arme si terrible et si peu définie entre les mains d'un seul homme, agent amovible du gouvernement, il est permis certes de craindre qu'il n'en fasse quelquefois un usage dangereux. Comme il est impossible de prévoir tous les faits de police, et d'y attacher par suite des règles fixes; il me semble que toutes les fois qu'il s'agit de compromettre la liberté civile d'un citoyen, le pouvoir judiciaire seul offre alors les garanties suffisantes. Peut-être même serait-il plus sûr de réunir dans une loi les cas les plus ordinaires de haute police, et d'en remettre l'exécution aux tribunaux; sauf, dans les cas non prévus, l'action immédiate des préfets, qui, dans aucun cas toutefois, ne pourraient attenter à la sûreté individuelle; car, à cet égard ils ne peuvent et ne doivent avoir que le droit de réquisition près de l'autorité judiciaire.

De l'Ordre ecclésiastique.

Comme la religion est une des choses les plus nécessaires au bonheur des peuples, les gouvernemens ne sauraient trop la protéger; elle porte avec elle le baume de tous les maux, mais ses ministres y ont mêlé quelquefois des poisons, et c'est ce qu'il faut prévenir. Les ministres du culte étaient simples jadis; les joies de la terre et les ambitions des hommes leur étaient étrangères ; tout occupés des biens véritables, ils étaient des ministres de paix, de morale et de sainteté, mais ils n'étaient que cela, et ne voulaient être que cela. Pourquoi seraient-ils autre chose aujourd'hui ? Pourquoi continueraient-ils à former un état dans l'état ? Citoyens d'un même empire, nous devons tous être soumis aux mêmes lois et ne reconnaître de chefs que ceux que la volonté du peuple a établis ; que les consciences soient libres et la foi sans contrainte, mais que les hiérarchies dépendent de l'autorité suprême de la loi.

Tant d'épreuves, de vicissitudes, d'expériences en tout genre démontrent si bien la vérité et la nécessité de cette doctrine, que je me crois dispensé d'y insister davantage. Le moment est venu où tout doit se placer dans un ordre naturel. A quoi serviraient les entraves ? J'entends tous les peuples de l'Europe murmurer les mots de liberté, de droits imprescriptibles de l'homme, de juste équilibre des choses ; le peuple français, plus avancé, les prononce depuis vingt-six ans ; tant de persévérance, de ténacité prouvent l'ardeur de ses désirs ; il est temps enfin de l'écouter, et s'il a donné un grand exemple, que du moins il soit le premier à en recueillir les fruits.

De l'Instruction publique.

Ce n'est point assez d'établir des lois sages et appropriées aux mœurs, au caractère de la nation, ce n'est point assez encore de n'en confier l'exécution qu'aux hommes les plus recommandables par leurs vertus, leurs lumières, leur dévouement à la chose publique; il faut de plus que l'éducation vienne mettre comme la dernière main au grand œuvre de la législation. Pour cela elle doit être fixée par la loi et uniforme dans tout l'empire. L'Université impériale, telle qu'elle existait dernièrement, offrait déjà ce principe d'unité, qu'il est si utile de conserver; mais elle présentait plusieurs défectuosités qu'il est facile de faire disparaître. D'abord elle offrait trop de luxe, si je puis ainsi parler, dans son administration; ensuite elle s'occupait trop exclusivement d'orner et d'enrichir l'esprit : ce n'est pas tout de faire des hommes instruits, il faut faire des citoyens, et le moyen le plus sûr, c'est de nourrir la jeunesse des maximes qui les créent et les conservent.

Il est vrai que la morale publique s'altère lorsque les révolutions se prolongent; l'opposition des intérêts, le choc des partis, l'emportement des passions, tout semble concourir à la décomposition de l'humaine nature. Que faire dans cet état ? S'emparer de l'homme et le récomposer; lui montrer sa dignité et ses droits comme citoyen, mais lui rappeler aussi sa faiblesse et ses devoirs comme individu. On a beau calomnier le peuple, il est meilleur qu'on ne pense généralement, et s'il se livre au mal quelquefois, c'est qu'on n'a pas su le conduire au bien. Qu'on lui donne de bonnes institutions et de bons exemples, que la loi soit égale et sacrée pour tous, et bientôt vous le verrez chérir l'ordre et rechercher la vertu. Mais, prenons-y garde, jamais l'État ne sera ferme et le peuple constant, si les lois changent sans raison, ou si elles peuvent être éludées par l'intrigue. En un mot, point d'état sans lois, et point de lois sans permanence. Qu'on se hâte donc de les promulguer ces lois ; mais après qu'on frappe d'anathème l'audacieux qui voudra y porter atteinte.

De la Liberté de la Presse.

Toutefois c'est inutilement que l'on aura donné à la nation de bons réglemens, de sages institutions ; on n'a rien fait si la liberté de la presse n'est garantie de la manière la plus formelle. Qu'importe une constitution libérale, si bientôt des ministres ambitieux ou coupables peuvent la miner sourdement, sans crainte du fouet vengeur de l'opinion ? Qui pourra nous garantir des actes arbitraires, des trames odieuses, des attentats administratifs, si la presse est enchaînée, ou seulement soumise à l'influence ministérielle ? La liberté de parler et d'écrire est le palladium de la constitution, le gardien incorruptible des bonnes institutions. Sans cette liberté, tout est perdu ; et si j'avais à choisir, je préférerais des lois défectueuses avec la liberté de la presse, à des lois parfaites sans la liberté de la presse. On peut remédier à tout avec cette liberté ; au contraire, sans elle, tout doit se déflorer et bientôt périr. La crainte de la presse n'est fondée que pour les gouvernemens faibles ou oppressifs, établis sans l'assentiment de la nation ; mais pour les gouvernemens forts et reconnus du peuple, dont les vues sont conformes à la volonté générale, la presse, loin d'être à redouter, est un des moyens les plus sûrs d'affermissement et de consolidation. Elle doit donc être consacrée par la charte constitutionnelle, sauf, dans les cas imminens, à la suspendre par une loi durant un espace qui ne pourra jamais excéder le terme d'une session des chambres à l'autre.

L'esquisse que je viens de tracer est loin d'être complette sans doute, et cependant quelques personnes pourront y trouver beaucoup à reprendre, mais peu importe; ce n'est point pour solliciter des éloges que j'ai pris la plume, mais pour exprimer quelques vérités que l'intérêt, la passion se sont souvent efforcés d'obscurcir. Si j'écrivais comme tant d'autres aux gages d'un parti, et pour me livrer au plaisir d'oublier toute décence, je me serais contenté de proférer quelques injures bien atroces contre le dernier gouvernement, et je croirais, de cette sorte, avoir rempli ma tâche et satisfait le public; mais cette manière n'est ni de mon goût, ni dans mes principes. Je laisserai volontiers à d'autres l'arme de l'insulte contre le malheur, qu'ils s'en emparent; je ne réclame que les armes de la raison, parce que je ne veux combattre que pour la liberté du peuple et contre les ennemis de son bonheur. Si d'autres, plus heureux, trouvent de meilleures idées que les miennes, qu'ils les publient, et je les adopte à l'instant : quand on ne veut que le bien public, on n'est ni opiniâtre, ni exclusif; et si je me suis décidé à publier cet essai, c'est parce que je suis sûr que s'il ne procure aucun bien, il ne peut faire aucun mal.

DE L'IMPRIMERIE DE F. GRATIOT.

www.ingramcontent.com/pod-product-compliance
Lightning Source LLC
Chambersburg PA
CBHW060459050426
42451CB00009B/729